This book presented to

St. Michael School Library

by: *Hayley Carroll*

LES LUTINS DE NOËL

TEXTE DE HENRIETTE MAJOR
ILLUSTRATIONS DE STÉPHANE POULIN

Données de catalogage avant publication (Canada)

Major, Henriette, 1943-
  Les lutins de Noël

  Pour enfants.

  2-7625-2570-5

  I. Poulin, Stéphane. II. Titre.

PS8576.A46L87 1987   jC843'.54   C87-096134-9
PS9576.A46L87 1987
PQ3919.2.M34L87 1987

Texte : Henriette Major
Illustrations : Stéphane Poulin

© Les Éditions Héritage Inc. 1987
Tous droits réservés

Dépôts légaux : 1er trimestre 1987
Bibliothèque nationale du Québec
Bibliothèque nationale du Canada

ISBN : 2-7625-2570-5 Imprimé au Canada

LES ÉDITIONS HÉRITAGE INC.
300, Arran, Saint-Lambert, Québec J4R 1K5
(514) 672-6710

En ce début d'automne, le lutin Bing est bien embêté. À cause du mauvais temps, la récolte des boules d'arbre de Noël est mauvaise. D'abord, il a trop plu, et les boules n'ont pas grossi comme il faut. Ensuite le soleil a été si ardent que plusieurs boules encore trop délicates ont fondu sous la chaleur.

Bing se dit: «Il n'y aura jamais assez de boules d'arbre de Noël pour tout le monde…»

Après avoir bien rangé dans des paniers sa maigre récolte de boules, il décide d'aller rendre visite à son voisin, le lutin Bong.

Alors que Bing possède une magnifique plantation d'arbustes à boules, son voisin Bong s'occupe de faire pousser les petites ampoules d'arbre de Noël.

Comme chacun sait, les boules d'arbre de Noël poussent dans des arbustes comme les framboises, tandis que les ampoules, elles, poussent au ras du sol, comme les fraises. Ce sont des fruits très délicats.

— Hélas! dit le lutin Bong, mes ampoules aussi ont bien souffert. Elles ont pris l'humidité, elles sont toutes pâlottes et elles éclairent mal. J'ai bien peur d'en perdre une bonne partie.

Les lutins Bing et Bong, en bons hommes d'affaires, se mettent à aligner des chiffres sur du papier. D'après leurs calculs, à cause des pertes dues au mauvais temps, il manquerait 10 456 boules et 15 874 ampoules d'arbre de Noël pour répondre aux commandes de leurs clients.

— Il faut faire quelque chose, dit Bing. Ce n'est pas possible de laisser les arbres de Noël tout nus.

— Tu as bien raison, le monde va assez mal comme ça...

Hé! j'y pense, si la récolte a été mauvaise ici, elle a peut-être été bonne Ailleurs. Si nous allions y faire un tour?

— Bonne idée! s'écrie Bong. Et qui sait, dans ces pays lointains, peut-être découvrirons-nous de nouvelles variétés de boules et d'ampoules pour les arbres de Noël...

Bing et Bong décident donc d'aller Ailleurs. Justement, un vol de canards sauvages se dirige vers ce pays du sud. Bing et Bong envoient un message au chef d'escadrille par un papillon de leurs amis.

Quelques minutes plus tard, un vigoureux canard se pose auprès d'eux et Bing et Bong s'embarquent à bord du vol 001 en direction d'Ailleurs. En chemin, ils chantent pour passer le temps une chanson de leur composition.

Viens-t'en donc Bing
suivons la ligne
et soyons dignes
de nos deux dons
Bing, Bing.

Viens-t'en donc Bong
chante-moi donc
un son quelconque
pour que ça cligne
Bong, Bong.

Le canard est un vieux routier du ciel qui a beaucoup d'expérience. Il vole avec tant d'efficacité qu'en trois jours, Bing et Bong arrivent au pays d'Ailleurs. Le champ d'atterrissage est situé sur une belle plage blonde que viennent lécher les petites vagues gourmandes de la mer des Antilles.

Bing et Bong sont d'abord frappés par les odeurs d'épices qui
flottent dans l'air. Guidés par ces parfums, ils débouchent sur un
jardin extraordinaire. Dans les arbustes plantés en rangées bien
droites, poussent les plus belles boules d'arbre de Noël jamais
vues; il y en a des rayées, des à pois, des à carreaux et des
bariolées. Sous le soleil tropical, les ampoules ont pris elles aussi
des formes et des couleurs extraordinaires. Bing et Bong sont
éblouis par tant de splendeur.

Poursuivant leur chemin, ils arrivent en vue d'une jolie maison de bambou. Sur la véranda, ils aperçoivent deux lutins qui leur ressemblent beaucoup, sauf qu'au lieu d'avoir la peau bleue comme tout le monde, ils ont la peau orange.

On se présente. Les lutins à la peau orange s'appellent Ping et Pong. Quand ils apprennent que Bing et Bong cultivent eux aussi des boules et des ampoules d'arbre de Noël, ils les invitent à prendre un petit punch.

Bientôt, Ping et Pong et Bing et Bong deviennent les meilleurs amis du monde. On en arrive à parler affaires. On convient d'un échange de boules et d'ampoules entre le nord et le sud.
On se dit que les habitants des pays froids seront sûrement très heureux de découvrir les boules et les ampoules tropicales aux couleurs éclatantes... Quant aux habitants d'Ailleurs, ils seront enchantés d'ajouter dans leurs arbres de Noël quelques boules plus sobres venant des plantations du nord.

Pour fêter leur entente et leur nouvelle amitié, les quatre lutins exécutent ensemble une petite danse sur un air de samba:

Dans nos arbres de Noël
des étoiles
toutes pâles
descendront un jour du ciel

Et Bing et Bong
et Ping et Pong
s'en réjouiront (bis)

Tout heureux d'avoir réglé leur problème, Bing et Bong s'accordent quelques jours de délicieuse flânerie chez Ping et Pong. Leur teint bleu commence à tirer sur l'orange et la chaleur les rend un peu paresseux. Ils aimeraient prolonger leur séjour, mais la saison de Noël va bientôt commencer et le travail les attend. Il est temps de rentrer.

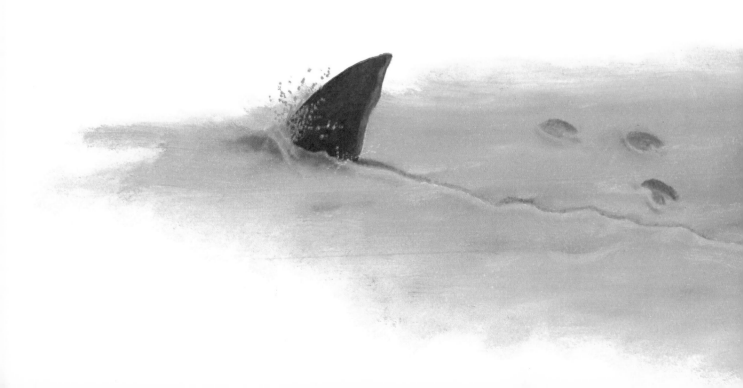

D'abord, il faut s'occuper de transporter les boules et les ampoules tropicales vers les pays nordiques. Mais comment faire ? Le transport aérien est impossible : on est en hiver, et il n'y a pas de migration d'oiseaux avant le printemps. On décide donc d'utiliser les voies d'eau.

Afin de protéger de l'eau les boules délicates, les lutins Ping et Pong s'activent à fabriquer des caisses imperméables.

Grâce à un cachalot complaisant, les caisses arriveront à bon port tout en permettant à Bing et à Bong de faire un peu de plongée sous-marine.

Une fois à terre, Bing et Bong font de l'animal-stop. C'est un orignal aventureux qui accepte de les mener jusqu'à leur ferme, eux et leur cargaison.

De là, les décorations sont distribuées dans tous les bons magasins des villes et des villages de la région. Bientôt, les comptoirs regorgent de boules et d'ampoules tropicales, qui feront la joie des futurs clients.

Cette année-là, les arbres de Noël de la région sont magnifiques, grâce à l'apport des productions d'Ailleurs. Bing et Bong se félicitent de leur débrouillardise. Encore de nos jours, ce sont eux qui cultivent et qui importent les plus belles décorations d'arbre de Noël.